« Quoi de neuf, Philippe ? »

Philippe Maurin
32 bis rue de la Lionne
45000 Orléans
France

ISBN : 978-2-9582144-0-1
Dépôt légal : février 2022

Imprimé à la demande par Amazon

MONSIEUR PHAL

« Quoi de neuf, Philippe ? »

Essaie !

EXHALAISON
Créateur d'œuvres à faibles portées depuis 2022

Rien ni personne ne résistera à l'épreuve du temps. Nul individu, nul fait, nulle histoire, nul mot, nulle pensée. Ce qui a été, ce qui est, ce qui sera disparaîtra un jour, y compris ce qui semble des plus solide, des plus inaltérable. Tout, absolument tout laissera place au néant. Un jour.

En attendant, je m'occupe.

Monsieur **P**hal,
entamant l'écriture de ce premier ouvrage.

Préambule

Ce qui suit n'est pas de la grande littérature, l'auteur n'en lisant pas, il serait présomptueux de sa part de prétendre le contraire. Ce n'est pas de la philosophie, l'auteur n'ayant jamais étudié la chose, il n'a qu'une vague idée de ce dont il s'agit. Ce n'est pas non plus un roman. Ce n'est pas une thèse. Ni un essai. Ce sont des mots alignés en phrases avec une grammaire et une ponctuation hasardeuses. Hasardeuses car l'auteur n'écoutait pas en cours de français. Vous voilà prévenu.

Prologue

Nul ne sait où je vais. Pas même moi. Mais l'envie d'écrire est là. J'irais jusqu'à dire, le besoin d'écrire. Il faut que ce qui s'étale de jour en jour dans mon esprit s'étale de jour en jour ailleurs. Il faut que je l'expulse. Que je l'étale en noir sur blanc. Pour pouvoir me souvenir dans 10 ans. Dans 20 ans.

Je ne sais pas comment l'on procède pour « écrire ». Je ne sais même pas comment on « écrit ». Je n'ai pas la moindre idée de la méthode. Des méthodes. Lors de la création de ce document, le traitement de texte m'a proposé de choisir entre les formats « Roman traditionnel » et « Roman élégant ». N'ayant pas idée de ce qu'est l'élégance en littérature, j'ai cliqué sur tradition. Une histoire de typographie sans doute. Georgia 12 va donc guider mes doigts. Les sauts de page vont canaliser mon inspiration. Ce « Prologue » n'existe que parce que la mise en forme me l'a suggéré. C'est tout ce que je sais à cet instant de la tradition en littérature. Pour l'élégance, vous êtes seul juge.

Le choix du format « roman » est anecdotique, il n'a pas d'importance. Je ne me risquerais pas à en écrire un. Je ne vais pas raconter une histoire. Pas maintenant. Je vais juste tenter d'écrire mes pensées, de « coucher sur le papier » ce que mon lobe frontal génère malgré moi. Ce ne seront pas des vérités, ce ne seront pas des jugements. Tout au plus des fulgurances. Informes. Indécises. Imprécises. Des idées au mieux.

Un prologue d'une page, une page et demie, me semble bien, d'autant que je vois inscrit juste à côté « Chapitre 1 ». Commençons.

Chapitre 1

Il vient de s'écouler presque deux mois entre le moment où j'ai créé ce document avec la ferme intention de remplir au moins une page par jour et celui où je tape cette phrase. 61 jours à tourner dans tous les sens l'intérêt d'un tel exercice. Passant de l'excitation intellectuelle la plus jouissive à l'inhibition mentale la plus castratrice. Passant de la farouche envie de m'y mettre, là, maintenant, à l'idée d'abandon instantané le plus total. Durant tout ce temps, la fenêtre du traitement de texte est restée présente sur mon écran d'ordinateur, pas très loin des divers outils que j'utilise quotidiennement. Un clic de souris et les premières pages blanches de « Quoi de neuf, Philippe ? » s'affichaient. Je posais mes doigts délicatement sur le clavier. Je regardais fixement le curseur clignoter. Rien ne se passait.

L'ouvrage devrait déjà faire 61 pages. Il n'était constitué, jusqu'à il y a quelques heures, que du « prologue ». Le voilà maintenant long de 18 lignes supplémentaires. Une demi-page sur ma difficulté à me mettre à écrire. Une demi-page m'ayant demandé 4 h d'efforts. Une demi-page que j'ai modifiée 10 fois. 20 fois. 30 fois. À cette allure, la question se pose. Vais-je arriver à produire un livre ? Vais-je arriver à concrétiser ce projet ? Si vous lisez ces lignes, c'est qu'il est fort probable que oui. Mais à cet instant précis, je peux vous l'assurer, rien de ce qui va suivre n'est encore écrit. Les mots sur lesquels vous êtes en train de poser les yeux semblent attendre d'être lus depuis longtemps, mais ce n'est qu'une illusion. Avant de se former sous mes doigts, mon cerveau ne les avait pas mentalisés. Elle se situe peut-être là, la magie de l'écriture. De cette écriture. Pas tout à fait automatique, ni tout à fait préparée. Je n'ai pas de plan. Pas vraiment. Tout au plus un objectif.

Les sept phrases précédentes sont couchées plus de 12 heures après avoir écrit le mot « illusion ». Elles sont venues après une bonne nuit de sommeil. Je viens donc de me remettre à la tâche. Sans laisser filer 1 mois. C'est bon signe. Peut-être. J'avoue avoir relu le début 3 fois au moins. Je l'ai retouché. Rectifié. Ce que vous avez lu n'est pas tout à fait ce que j'ai écrit hier. J'ai changé 2 mots, 3 formulations. J'ai inversé 2 phrases et rajouté quelques précisions. Il est même possible que j'y revienne encore plus tard. Demain. Après-demain. Dans une semaine ou un mois.[1]

Je me demande si ces détails vont intéresser le lecteur. Que peut-il bien se passer dans votre tête ? Le savez-vous vous-même ? Si vous êtes actuellement dans une librairie, ou sur un site de vente en ligne, et que vous lisez les premières phrases avant de vous décider à acheter ce livre, avez-vous atteint ce passage ? Si oui, faites un petit mouvement de la tête. Discrètement. Si vous l'avez fait, le pouvoir des mots est incroyable. Si vous n'êtes pas dans une librairie, ni sur un site de vente en ligne, et que vous l'avez fait malgré tout, c'est encore plus fort. Et si vous ne l'avez pas fait, mais que l'envie est là, comme si vous vouliez communier avec les autres lecteurs et lectrices, c'est encore plus fou. Là, si vous souriez en imaginant tous ces gens secouant leur petite tête

[1] *Ce que je viens effectivement de faire à l'instant, après 2 semaines.*

discrètement après avoir lu ce passage, le pouvoir de celui qui écrit est vraiment fascinant.

En tapant cet avant-dernier paragraphe, un sentiment étrange m'envahit. Une espèce de joie. Une joie motivante. Je vais terminer « Chapitre 1 » là-dessus. Voyons ce qu'il va me passer par la tête pour « Chapitre 2 ».

Chapitre 2

Avant de me remettre à l'ouvrage, bien installé dans mon bureau, je n'ai cessé de penser à ce que j'avais écrit dans « Chapitre 1 ». Si je me suis laissé emporter par une vague d'optimisme, surtout après avoir vu la réaction de ma femelle[2], grande lectrice, à qui j'ai fait lire ces premiers paragraphes, le doute sur ma capacité à remplir des dizaines de pages avec des phrases bien tournées, ayant du sens, m'a envahi. Je me suis demandé durant ces dernières 24 h ce que j'allais bien pouvoir écrire dans « Chapitre 2 ». Comment j'allais donner suite, comment j'allais ramener tout cela vers l'idée d'origine. Car il y a une idée à l'origine. Tout cela n'est pas le fruit du hasard. S'il est celui de l'intuition floue, il y a dans mon esprit une ligne directrice nette. Je ne sais pas où je vais, mais je sais comment j'y vais. Enfin je le crois.

Ce qui m'a perturbé avec ce premier chapitre, c'est que s'il est arrivé instinctivement, en suivant rigoureusement l'un des principes fondamentaux que je me suis fixés, à savoir laisser ma pensée et mes doigts surfer au gré des vagues de mes réflexions, ces premières lignes m'ont fait partir dans une direction qui m'éloigne considérablement du concept de

---

[2] *Avant de sauter au plafond et de m'accuser de tous les malheurs de la société à la lecture du mot « femelle », sachez que j'écrirai probablement un chapitre sur l'usage de ce terme aussi provocateur qu'affectueux.*

base. Me voilà maintenant devant un chemin que je n'avais pas prévu d'explorer. Un chemin aventureux diablement attirant.

Vous ne pouvez le voir, mais je suis, à l'instant où j'écris, dans un état particulier. Un état qui n'a rien à voir avec celui dans lequel j'étais lorsque j'ai produit « Chapitre 1 ». Après une courte nuit de 3 h loin de chez moi, j'ai pris, très tôt ce matin, le train pour rentrer. Je n'ai pas réussi à dormir durant le trajet. Mon esprit n'avait qu'une obsession : ce texte. Lorsque je suis physiquement épuisé, j'ai le sentiment que mon cerveau profite de la situation pour partir dans tous les sens. Comme si mon corps tournant au ralenti lui permettait d'utiliser toutes les ressources disponibles pour réfléchir, pour atteindre des recoins neuronaux, des zones synaptiques qu'il ne titille que rarement. C'est alors un feu d'artifice intellectuel. Une idée en appelant dix, qui elles-mêmes en appellent dix et ainsi de suite. J'ai toujours aimé cet état de fatigue. Je le recherche encore même si mon âge m'impose un temps de récupération plus long. Durant le voyage, j'ai envisagé mille choses. Je me suis expliqué cent points de vue. J'ai retenu dix idées. Je viens d'en concrétiser une, à savoir parler dans « Chapitre 2 » de « Chapitre 1 ».

Il est à noter que si la pirouette m'a séduit sur le coup, cela n'a en rien résolu mon véritable problème. Il va falloir que je retombe sur mes pieds à un moment. Enfin, sur mes doigts plus exactement. Il va falloir que je trouve un moyen de faire correspondre le titre de cet ouvrage à son contenu. Il va falloir que je trouve le moyen d'aller vers quelque chose de plus ouvert, vers quelque chose qui rejoint l'idée première contenue dans le titre de ce livre. Car aussi étonnant que cela puisse paraître, l'idée principale tient dans ce titre : « Quoi de neuf, Philippe ? » Tout est parti de là.

Je dois vous faire part d'un souci. J'ai le sentiment que la situation empire. J'ai la sensation de m'enfermer dans un jeu sans issue. « Chapitre 2 », que je n'ai pas fini d'écrire, me ralentit considérablement. Cinq jours viennent de s'écouler depuis que j'ai écrit « Tout est parti de là. » À ma décharge, je reviens d'un déplacement. Trois jours consacrés à une activité m'obligeant à communiquer en chair et en chair avec quelques-uns de mes contemporains. Un déplacement où j'ai dû me raconter. Un peu. Où j'ai écouté, regardé. Beaucoup. Une expédition qui me ramène parmi les vivants en somme. Une activité sollicitant autant mon corps que mon esprit. Une pratique dans laquelle je me sens pleinement vivant. Totalement vivant. Et si en pédalant au milieu de la nature avec des inconnus j'ai par moment pensé à ce projet, en rentrant je n'ai pas osé afficher ce document. Je n'ai pas osé durant deux jours. Je n'ai pas osé me confronter à ces pavés sombres au milieu de mon écran. Pourtant ce ne sont que des mots. Pourtant il n'y a que moi. Il n'y a que moi et ces mots. Mes mots.

Pourquoi n'ai-je pas osé ? De quoi pourrais-je avoir peur ? Si cela n'est pas bon, personne ne le saura. Je suis à ce stade le seul lecteur. Il ne peut rien se passer. Rien de grave. Rien d'irréversible. Pourtant, à chaque fois que je laisse filer du temps entre deux sessions de travail, un étrange sentiment m'envahit. Je sais que je vais devoir me relire. Je sais que je vais devoir reprendre quelques pages en arrière. Pour voir si cela tient la route, s'il y a cohérence entre ces paquets de mots écrits à différents moments, sous différentes humeurs. Plus je laisse filer le temps, plus je dois remonter loin dans le texte. Pour me souvenir. Plus je remonte loin, plus je passe de temps à relire. Je passe beaucoup de temps à relire. Relire que je passe beaucoup de temps à relire m'est presque douloureux. Écrire que passer beaucoup de temps à relire provoque presque de la douleur est assez étrange. Pourquoi m'infliger cela ?

Je vais vous faire un aveu, je n'aime pas vraiment lire. Encore moins quand il s'agit de ce que j'écris. D'autant moins que, au fur et à mesure que l'objet s'allonge, au fur et à mesure que je remonte dans le temps, en retournant parfois jusqu'aux premières pages, je ne peux m'empêcher de penser devoir tout recommencer. Plus je relis ce que j'ai écrit il y a des semaines, plus je me dis que je dois repartir de zéro. Pire, il m'arrive de penser devoir laisser tomber. Un véritable enfer.

Après avoir écrit le paragraphe précédent, j'ai eu l'irrésistible et inexplicable envie d'aller relire toutes les pages depuis la première. Ce faisant, je n'ai pu m'empêcher d'apporter des retouches. Encore. J'ai l'impression d'être dans un escalier de Penrose. J'ai le sentiment d'être Pénélope tissant le jour et défaisant son ouvrage la nuit. Il faut que je sorte de cette boucle. Pourtant elle a un côté attirant, fascinant. Je crois que je pourrais jouer avec ce quatrième, voire ce cinquième mur sur des chapitres et des chapitres, tirer sur la corde des pages entières, mais je ne suis pas certain que vous, lecteur, y résistiez. La difficulté tient dans le fait que je dois vous intéresser, vous séduire, et que je ne connais aucune des ficelles des écrivains. Je n'en suis pas un. Pas encore. Je ne le serai peut-être jamais.

La question se pose alors. Quelle légitimité ai-je pour ainsi jouer avec l'écriture ? Écrire est un métier et il n'est pas le mien. D'ailleurs, je n'ai pas de métier. Pire, j'ai arrêté d'écouter en classe après la 6e, je ne suis pas allé au lycée, je n'ai lu aucun classique, je n'ai pas étudié la philosophie et je n'ai jamais eu plus de 2/20 à l'une de mes dissertations. Mais voilà qu'à 56 ans je décide de noircir des pages et des pages. Sans plan. Sans préparation. Ou si peu. Est-ce que tout cela finira un jour dans les mains de gens que je ne connais pas ? Et par quel moyen ? Je sais qu'il va m'être impossible de trouver une maison d'édition. Ils sont submergés. La situation sanitaire et ses multiples confinements ont donné naissance à des milliers de néo-auteurs. Me voilà dans un embouteillage monstre. Pourtant la décision de me lancer sur cette voie est plus ancienne que tous ces événements. Elle remonte à deux ans maintenant. Seulement voilà, durant ces deux années, je n'ai fait que démarrer et abandonner des projets. Je suis parti dans tous les sens. J'ai bien entamé dix ouvrages. Dix bouquins aussi différents les uns que les autres. L'un d'eux ayant même atteint plus de 100 pages ! Mais j'ai tout laissé tomber. À chaque fois. J'ai laissé tomber et me voilà entamant celui-ci. Est-ce qu'il sera le premier terminé ? Est-ce qu'il sera le premier à être lu ?

Je ne suis pas superstitieux, mais je vois que j'en suis à la page 13. Un signe ?[3]

---

[3] *J'imagine que vous avez vérifié et que vous avez constaté que nous ne sommes pas du tout à la page 13. Saloperie de retouche, de réécriture et de pages liminaires…*

Chapitre 3

La légitimité est un concept complexe. Depuis toujours elle me pose problème, m'obsède. Si je n'ai jamais aucun doute lorsque je débute quelque chose, la question m'assaille systématiquement en cours de route. Suis-je légitime pour faire ce que j'ai décidé de faire ? Avec l'âge, avec l'expérience, cette question ne devrait plus se poser. Cela serait sans doute le cas si j'avais réussi à me focaliser sur une ou deux activités. Mais je n'ai su me restreindre. Je suis ce que d'aucuns appellent un « jack of all trades ». Un « touche-à-tout ». Un « ne va au bout de rien ». C'est plus fort que moi. Je me lance régulièrement dans des domaines que je ne connais pas. Allant jusqu'à renouveler totalement mon entourage, jusqu'à changer de cercle « d'amitiés ». Depuis ma naissance, j'ai l'impression d'avoir eu dix vies. Je me suis demandé pourquoi. Quelles sont mes motivations ? Suis-je instable ? Est-ce que j'atteins systématiquement un palier où mon manque de maîtrise me semble si visible qu'il faut que je m'éloigne avant que d'aucuns le remarquent, avant que l'on me démasque ? Est-ce que le travail nécessaire pour passer un certain cap m'effraie au point de me sembler insurmontable ? Suis-je paresseux ?

Il est certain que j'aime me confronter à des choses nouvelles. J'aime appréhender comment elles fonctionnent. J'aime découvrir de nouveaux secteurs. J'aime essayer de comprendre les individus qui le font. J'aime tenter de trouver des liens, des connexions entre toutes ces choses, tous ces gens. J'aime expérimenter. J'aime faire des propositions dans un domaine que je découvre et voir si cela donne le change, si cela fait illusion. Cela a quelque chose d'excitant, de fascinant. Et puis, en me lançant vierge de tout, j'ai le sentiment d'avoir avec moi la naïveté, la fraîcheur du débutant, son appétit et tout ce qui va avec. Lorsque l'on débute, on s'émerveille de tout. Lorsque l'on débute, on n'est nullement coincé dans la routine.

En entrant dans un nouveau groupe, dans une nouvelle communauté, je sais que personne ne me connaît. Personne n'attend rien de moi. Je suis invisible tant que je ne me suis pas manifesté. Je peux observer sans attirer l'attention. Je découvre. Je m'enthousiasme. Je m'interroge. Et puis je fais. Et puis je dis. Sans complexe. Je suis dans cet état où l'on n'a peur de rien, où l'on ose. Dans cet état si caractéristique de la jeunesse. Celui où l'on veut tout réinventer, tout casser. Celui où tout est possible, où chaque nouvelle idée semble une excellente idée. Innovante. Provocante.

Ici, avec l'écriture, je n'ai quasi aucune influence puisque je ne lis pas. Ou si peu. Je ne connais aucune ficelle. Je ne peux tricher. Je suis en terra incognita. D'autant plus que pour produire, je suis seul chez moi. Seul devant mon ordinateur. Avec personne pour m'aiguiller, pour discuter de mes idées, de leurs pertinences, de leurs créativités ou de leurs faiblesses. Ma seule interlocutrice, pour l'instant, est ma femelle. Elle va de temps en temps, à ma demande, poser les yeux sur des bouts de ce que j'ai écrit. En tant que lectrice assidue, elle est mon seul point de liaison avec la littérature.

On ne parle pas vraiment de ce que j'écris. Ni du fond, ni de la forme. Après une courte lecture, elle répond à la question : « C'est comment ? » par un : « C'est bien. » Et cela me suffit. Enfin, je dois m'en contenter. Elle n'est pas très bavarde sur ma production. Je dois chercher de l'approbation ailleurs que dans ses mots. Je dois observer sa façon de lire, les traits de son visage. Par exemple, elle a fait le petit mouvement de tête que je demandais dans « Chapitre 1 ». Je me suis alors dit que cela fonctionnait. Ces petits traquenards sont ma seule façon de vérifier que mes mots, ma pensée, mes intentions sont efficaces. D'ailleurs, au moment où vos yeux parcourent ces lignes, elle a certainement lu ce passage. Elle a peut-être souri. Elle a peut-être vérifié si je l'observais en train de lire. Elle m'aura peut-être demandé ce que je voudrais qu'elle me dise sur ce que j'écris. Peut-être. Elle aura aussi lu que j'avais écrit tout ce qui vient de se passer avant que cela n'arrive. Et elle ne sera pas impressionnée. Je le sais. Elle me dira : « Tu voudrais que je sois impressionnée ? » Je lui répondrai : « Non. »

Ce qui est amusant, c'est qu'au moment où j'écris tout ceci, je ne sais pas si cela va se produire. Je l'imagine. Je l'espère. Je le souhaite. Je ne le saurai que plus tard. Et vous, vous ne le saurez que si je l'écris[4]...

Toute cette digression ne résout pas la question que je me pose depuis quelques jours. Suis-je légitime dans ma démarche d'écriture ? Qui décide et comment cela se décide ?

---

[4] *Est-ce que cela a marché ? À votre avis ? Resterons-nous seulement deux à savoir ? Peut-être...*

Chapitre 4

Dans toute discipline il y a un art de faire. Et pour maîtriser un art, il faut le connaître, il faut l'apprendre, il faut s'entraîner. Il faut faire, défaire, refaire. Encore et encore. Pour tenter de toucher au sublime. L'écriture, disons la littérature, est un art avec un grand A. Lorsque l'on a un peu étudié les grands A, ce principe est parfois mis à mal. Si la maturité d'un artiste demande souvent du temps, si elle passe par des périodes, des remises en question, il est des variables qui viennent casser ce schéma. Le génie, par exemple. Il peut apparaître dès la jeunesse, suintant dès les premières œuvres. Le génie permet de toucher au sublime sans circonvolutions.

L'histoire de l'Art nous apprend aussi que beaucoup d'œuvres coupées de tout enseignement, de tout académisme, sont puissantes, novatrices, impertinemment justes. Force est de constater que la « naïveté » va jusqu'à être érigée en mouvement artistique, en modèle de pensée créative. Et que dire de l'Art Brut, cet Art détaché de toute culture artistique apparaissant comme une évidence pour qui se donne la peine de le regarder. Sans oublier l'Art Singulier et ses autodidactes, ni l'Art des Fous et ses pulsions. Il est d'ailleurs intéressant de constater que plusieurs génies sont considérés comme ayant, si ce n'est des « problèmes mentaux », des fonctionnements cérébraux particuliers. Les frontières semblent minces, floues et mystérieuses lorsqu'il est question d'Art et de créativité.

Au-delà des définitions et des cadres, souvent mis en place a posteriori, il est toujours question d'individus. D'individus qui font. Qui osent faire. De manière réfléchie ou d'instinct. C'est l'individu qui exprime. Et ce sont d'autres individus qui analysent, qui jugent et qui classent.

Dans toute discipline, il est des individus qui font bien, qui font juste. Volontairement. Involontairement. Certains doivent travailler beaucoup là où d'autres réussissent sans forcer. C'est ainsi. Il est aussi ceux qui sont persuadés de faire bien, de faire juste, alors que ce n'est pas du tout le cas. Pourtant ils sont sûrs de ce qu'ils font. Tout comme je le suis à cet instant. Mais cela ne va pas durer. Le doute va m'assaillir. Comme à chaque fois. Parce que je sais que nombreux sont ceux qui ont cru faire bien, qui ont cru faire juste, alors qu'ils se trompaient. Parfois jusqu'au ridicule. Alors je m'interroge. Dans quelle catégorie suis-je ? Est-ce que je réfléchis bien ? Est-ce que je réfléchis juste ? Est-ce que je crois faire bien à tort ? Est-ce que je crois faire juste à tort ? Serai-je ridicule ? Suis-je ridicule ? Comment le savoir sans faire !

Tant que ces pages resteront privées, tant que personne ne lira ces mots, cet ouvrage n'existe pour ainsi dire pas. Il n'est ni bien fait ni mal fait. Il n'a aucun impact. Au moment où je couche ces mots, je n'ai pas tort de croire bien faire. Pas encore. Je ne suis pas ridicule. Pas encore. Tant qu'il reste sur mon disque dur, cet ouvrage n'est rien. Ni positif ni négatif. Il ne sert à rien et ne fait de tort à personne. Écrire ces phrases m'a tout au plus occupé, peut-être soulagé. Ce qui est déjà pas mal. Mais est-ce suffisant pour poursuivre ?

En entamant ce paragraphe, j'ai franchi un cap. Je suis en train de continuer d'écrire. J'ai donc encore un fond de confiance. Si vous entamez ce paragraphe, c'est qu'un cap a été franchi. Si l'on ne se connaît pas physiquement, c'est que j'ai décidé de prendre le risque d'exposer publiquement ce que j'ai écrit. Je prends le risque du jugement. Dans un excès d'assurance, j'ai décidé d'affronter la critique, d'assumer, le cas échéant, le ridicule.

Si vous en êtes à cette page - et que vous n'êtes pas ma femelle lisant sous la contrainte - c'est que j'ai réussi à vous embarquer. Mais je ne sais pas vraiment pourquoi. Pourquoi avez-vous atteint ces lignes ? Je ne sais ce qui vous motive. Je ne sais ce que vous pensez. Je ne sais d'ailleurs pas pour quelle raison vous en êtes là et encore moins si vous allez continuer. Et si vous continuez à lire, jusqu'où allez-vous me suivre ? Jusqu'où puis-je vous amener ?

Ma légitimité va-t-elle naître une fois que vous aurez terminé la lecture complète de cet ouvrage ou est-elle déjà là ? Se mesurera-t-elle au nombre de pages que vous aurez lues ? Se mesurera-t-elle à l'aune du fond, de la forme, des deux ? A-t-on seulement besoin de cette légitimité ? Ne l'acquiert-on pas en faisant ? D'ailleurs, en a-t-on besoin pour écrire ? En a-t-on besoin pour écrire ce que j'écris ? Qui décide ? Qui valide ?

Est-ce que tout ceci a du sens. Ce n'est pas une question. C'est mon sentiment. Là, maintenant.

Chapitre 5

Pourquoi écrire si j'ai, parfois, souvent, le sentiment de ne pas être légitime ? Quel est donc ce qui me pousse à reprendre le clavier après une semaine d'abstinence ? Oui, j'ai abandonné le clavier encore une fois. Je n'ai rien écrit durant 7 jours. J'ai pourtant terminé le chapitre précédent avec un sentiment positif très fort. Celui d'être sur la voie de quelque chose d'intéressant. J'étais vraiment excité. Puis le week-end est arrivé. Deux jours où, pour la plupart des gens, il y a rupture avec la routine du travail. La fin de semaine, c'est 48 h d'émancipation. Pourtant.

Cette sensation de délivrance ne devrait pas me concerner. Je ne « travaille » plus depuis 2 ans. Je n'ai de comptes à rendre à personne. Je n'ai aucune contrainte. Je n'ai pas d'horaires. Je fais ce que je veux de mon temps. Je suis libre. Vraiment, totalement libre. Une fin de semaine, dans ma situation, ne devrait pas être différente de son début. Pourtant. Il y a ce sentiment spécial. Il y a cette synchronisation avec le reste du monde. Le planning du week-end n'est pas celui de la semaine. C'est ainsi. Et aussi étonnant que cela puisse paraître, même quand on ne « travaille » pas, le samedi et le dimanche peuvent être prétexte à procrastiner. Et je ne m'en prive pas.

Le week-end qui a suivi l'écriture de « Chapitre 4 », j'ai procrastiné. Je me suis laissé aller. Je me suis accordé du repos. Comme un travailleur. J'avais bien « travaillé », je pouvais m'accorder cette pause du week-end.

J'ai particulièrement bien « rien fait » le samedi. J'ai extrêmement bien « rien fait » le dimanche. Et puis le soir, en me couchant, j'ai pensé à tout ça, à ce que j'avais écrit, à ce que j'allais écrire. Je me suis mis à réfléchir à l'édition de cet ouvrage. Je me suis dit qu'il allait falloir le faire « relire ». Je me suis dit qu'il allait falloir le faire corriger. Mais par qui ? Combien cela me coûterait-il ? Puis je me suis mis à imaginer la réception du public. Des professionnels de la littérature. Des « critiques ». Mais, pour que ces gens lisent ce livre, il faut qu'ils sachent qu'il existe. Je me suis alors demandé comment en faire la promotion. Comment faire en sorte qu'il soit lu ? Ou même simplement que l'on sache qu'il est là, disponible. Et doucement, insidieusement, les doutes sur l'intérêt et ma capacité à mener à bien un tel projet sont revenus. Je me suis endormi.

Le lundi matin, au réveil, j'ai réalisé que j'avais un truc important à faire. Quelque chose qui n'avait rien à voir avec l'écriture. Je l'ai fait. Le mardi, il m'a fallu absolument terminer une chose en cours. Je l'ai terminée. Le mercredi, le jeudi, le vendredi j'ai aussi forcé des activités annexes. J'ai pédalé. Beaucoup pédalé. Je me suis lancé dans des productions qui n'avaient rien de prioritaire. J'ai été jusqu'à réaliser des vidéos sur mes sorties vélo pour les mettre en ligne sur YouTube. J'ai passé du temps à surveiller le nombre de vues, à lire les commentaires, et, forcément, à répondre. En vérité, je le sais, j'ai détourné mon esprit. Je l'ai détourné jusqu'à ce qu'un nouveau week-end arrive.

J'ai bien conscience de toutes mes ruses pour éviter de me remettre à écrire. Je suis pleinement conscient de tous mes stratagèmes pour avoir l'air occupé. Ce qui m'amène à me poser encore plus de questions. En commençant « Chapitre 5 », j'étais obsédé par ces interrogations. Quelles sont les causes de ces montées en motivation et de ces descentes radicales ? En si peu de temps. Quelle est donc cette mécanique m'amenant à être aussi sûr de moi, pour ensuite me convaincre que tout cela ne mènera à rien ? Quels sont donc les schémas mentaux provoquant ces montagnes russes émotionnelles ? D'où viennent mon assurance temporaire et ces doutes systématiques ?

La psychanalyse pointerait du côté de l'enfance. Elle chercherait quelques traumatismes. Elle en trouverait. Forcément. Qui est épargné par les chocs émotionnels violents ? La psychologie pointerait du côté du fonctionnement cérébral. Elle chercherait quelques biais cognitifs. Elle en trouverait. Qui est épargné par les distorsions dans le traitement d'une information ?

Si tout ce que je pense, si tout ce que j'écris est induit par mes traumatismes et mes biais cognitifs, il est fort probable qu'en lisant mes textes, vous soyez soumis vous aussi à vos propres traumatismes et vos propres biais. Au final, entre la réalité de l'instant, ce que j'en perçois, ce que j'en raconte, ce que vous lisez, ce que vous en percevez, ce que vous en déduisez, il y a tellement de filtres déformants que je ne peux vraiment savoir ce qui résonne en vous dans mes mots. Est-ce que mes obsessions sont les vôtres ? Est-ce que mes peurs sont les vôtres ? Est-ce que ma perception du monde est la même que la vôtre ? Sommes-nous proches ? Suis-je une curiosité ?

Chapitre 6

Enfant, lorsque l'on me demandait ce que je voulais faire quand je serais grand, je ne savais jamais quoi dire. Je cherchais dans le regard de mon interlocuteur ce qui pourrait le satisfaire. Il m'arrivait de répondre astronaute là où d'autres fois agent secret me semblait plus pertinent. À force de questions sur cet avenir lointain, je me suis mis à réfléchir à la chose. Si ces adultes s'intéressaient au futur métier d'un enfant, c'est qu'il y avait là un truc important. Il fallait donc trouver un métier. Maintenant. Là. Que voudrais-je faire quand je serais grand ? Quel métier devrais-je exercer ? Pour lequel étais-je fait ? J'ai envisagé tout ce qu'il était possible d'envisager du haut de mes huit années d'expérience de vie. De la blouse de chimiste au casque de pilote de formule 1. Seulement voilà, j'ai arrêté d'écouter en classe à l'âge de 12 ans, et au moment où j'écris cette phrase, j'en ai 56 et je n'ai jamais conduit de voiture de ma vie.

Enfin si, j'ai conduit une fois. J'avais 17 ans et c'était une Méhari. Ce véhicule n'est pas vraiment ce que l'on peut appeler une « voiture ». Nous étions sur un terrain privé pour le tournage d'un court-métrage d'entreprise dans lequel je faisais l'acteur. On m'a montré comment démarrer cette voiture en plastique, expliqué comment passer les vitesses, décrit le parcours que je devais faire et j'ai conduit sur 200 mètres. Environ. Vous serez certainement d'accord pour considérer que ce n'est pas vraiment « conduire ». Si vous ne l'êtes pas, tant pis. De toute façon c'est trop tard. C'est écrit et je n'ai aucun moyen d'entendre vos arguments. Et puis ce n'est pas le propos. Cette digression est là car je reviens de « Chapitre 8 » pour allonger « Chapitre 6 » à dessein. Pour une idée qui se concrétisera plus loin. Soyez patient.e.

Quoi qu'il en soit, cette question posée aux enfants m'a toujours paru étrange. Comment un gamin ou une gamine peut savoir ce qu'il ou elle veut faire plus tard alors qu'il ou elle n'a certainement pas la moindre idée de tous les métiers existants ? Comment peut-on demander à un môme de se projeter dans une activité professionnelle alors qu'il n'a sans doute pas la moindre idée du cursus pour y arriver, et encore moins s'il est fait pour de telles études ? Et puis pourquoi UN métier. Pourquoi pas deux, ou trois, ou dix. Ce qui est sûr, c'est que je n'ai jamais répondu « écrivain ». Ce qui est certain c'est que je n'étais pas fait pour les études, quelles qu'elles soient.

Au début de mon existence scolaire, j'étais considéré comme un bon élément. Une fierté pour mes parents issus d'un milieu dit « populaire ». J'étais celui qui comprenait vite. Celui qui comprenait tout. Quoi que je fasse, pour mes parents c'était normal. Même revenir de vacances d'été en sachant lire alors que je n'avais que 4 ou 5 ans. Mon grand-père paternel m'avait expliqué comment fonctionnait la lecture avec de petits panneaux. P et A, PA. P et O, PO. La fameuse méthode syllabique. J'ai appris en quelques jours.

Pour l'Éducation nationale aussi j'étais l'élève brillant. Celui que la municipalité récompense dès son CP parce qu'il est le « meilleur élève » de toute l'école primaire. « Meilleur élève », quel concept stupide. Savoir lire avant qu'un professionnel ne vous l'enseigne, cela aide à passer pour un enfant qui a des facilités. À cette époque, les enseignants m'aimaient bien. Mis à part quelques petits comportements étranges signalés gentiment dans mes carnets de notes, j'étais le petit garçon que l'on aime avoir dans sa classe. Des A+ partout. Au regard de ces résultats, mes petites incartades sporadiques m'étaient pardonnées. Pourtant, elles auraient dû éveiller des soupçons. À 7 ans, on ne rompt pas le silence du devoir d'écriture en balançant sans raison apparente sa trousse dans les travées. D'autant moins quand on est un élève sans problèmes et plutôt docile. Mais nous étions au milieu des années 70, l'analyse psychologique et sociale en milieu scolaire n'en était qu'à ses balbutiements. Aucune formation, aucun plan de détection des signes avant-coureurs d'un décrochage en devenir.

Mes beaux premiers pas dans le système éducatif national se sont rapidement pris dans le tapis de l'existence. Les infidélités parentales, la violence intrafamiliale mèneront la fratrie durant 9 mois à la Maison de l'Enfance. Une année scolaire complète au milieu d'éducateurs spécialisés, d'orphelins, d'enfants à problèmes, d'enfants en souffrance. J'étais l'un des 2 ou 3 seuls pensionnaires autorisés à quitter l'établissement pour aller à l'école en ville. Tous les autres suivaient des cours en interne. Je découvrais le secondaire et ses multiples enseignants dans des circonstances particulières. J'étais le gars du foyer. Celui habillé avec des vêtements de récupération datés. Celui qui ne peut rester jouer dehors après les cours. Celui qui ne peut inviter personne chez lui. Celui qui ne peut réviser dans le calme.

Celui qui pour se faire respecter n'avait que 2 possibilités, la force ou la raison. Je me suis rarement battu.

J'ai essayé de tenir la tête hors de l'eau durant cette période, de faire bonne figure. J'ai fait une bonne 6e. Puis nos parents se sont remis ensemble. Ils nous ont récupérés. Comme des bagages que l'on aurait déposés à la consigne pour s'alléger un moment. La suite des aventures familiales a terminé de briser la considération que je pouvais avoir pour le système et les adultes. Mon père n'est pas rentré un soir. Ma mère s'est retrouvée seule avec 3 enfants. Elle a profité de sa nouvelle liberté. Entre son boulot et ses sorties, nous nous sommes débrouillés comme nous pouvions. Pour les enseignants, je suis doucement devenu celui qui « peut mieux faire ». Porté par la nonchalance j'ai glissé vers celui pour qui « on ne peut plus rien faire ». Je n'écoutais pas, je faisais l'idiot. J'étais devenu le cancre, pour ne pas dire l'imbécile. Et je l'ai cru.

Pourtant me voilà en train d'écrire. Encore. Pourtant vous voilà en train de me lire. Encore. Qui aurait pu le prévoir ? Certainement pas mes professeurs de français. Je n'ai jamais eu plus de 2/20 à une dissertation. D'ailleurs, voilà encore une drôle d'idée que de noter sévèrement un tel exercice. Demander à de jeunes élèves de raconter leurs vacances et leur mettre une note en dessous de la moyenne parce qu'il y a trop des répétitions et de fautes d'orthographe, c'est assez particulier tout de même. D'autant plus lorsque l'on sait qu'aucun d'eux n'écrira plus de deux pages une fois adulte. D'autant plus lorsque l'on sait que n'importe quel professionnel de l'écriture sera toujours corrigé par un ou plusieurs as de la grammaire avant publication.

C'est un fait, je n'ai jamais brillé en cours de français. Toutes ces mauvaises notes, toutes ces mauvaises appréciations dans les marges de mes copies auraient dû m'éloigner à tout jamais de la pratique. Ce n'est manifestement pas le cas.

J'écris. Vous lisez. J'écris que j'écris. Vous lisez que j'écris. Vous lisez que vous lisez. J'écris que vous lisez que j'écris. Vous lisez que j'écris que vous lisez que j'écris. J'écris que vous lisez que j'écris que vous lisez que j'écris.[5]

Il est possible qu'une fois lu, vous alliez mettre un zéro « étoile » à ce bouquin sur un site ou une appli d'évaluations « littéraire ». Cela se fait. Noter. Des restes d'un système éducatif métrique profondément ancré en nous. Est-ce que ce « zéro » aura un impact sur la suite de mes écrits alors même qu'enfant les notes m'importaient peu ? Peut-être. Peut-être me fera-t-il mal. Peut-être me remplira-t-il de doutes. Si ce « zéro » est accompagné d'un commentaire négatif, désagréable, je me sentirai peut-être ridicule. Peut-être regretterai-je d'avoir passé autant de temps à croire que je faisais bien en écrivant, en me relisant.

L'hypothèse de ces « zéros », la possibilité de ces commentaires acerbes pourraient me bloquer. Là. Maintenant. Tout de suite. À quoi bon tendre le bâton. Je suis peut-être en train d'écrire mes derniers mots. Des mots qui ne seront lus par personne.

Est-ce qu'il y aura un « Chapitre 7 » ?

---

[5] *Là, à ce moment du récit, j'ai mal à la tête et vous aussi.*

Chapitre 8

Quoi que vous puissiez penser, dire ou écrire au sujet de cet ouvrage, cela ne doit avoir aucun impact sur ma capacité à faire. Vous interviendrez a posteriori. Il sera trop tard. Tout aura déjà été écrit. Tout aura déjà été pensé. Ce qui se passe ici est issu de décisions qui me reviennent. Maintenant. À ce stade de l'écriture, votre poids sur mes actes doit être dérisoire. Il le faut. Imaginer le jugement des lecteurs ne doit aucunement me bloquer. C'est moi qui ai la main. Vous n'existez pas encore. Je dois continuer. Je dois aller au bout. Je dois terminer. Pour que vous puissiez penser, dire ou écrire au sujet de cet ouvrage, je dois le terminer. Je dois le terminer pour savoir si je fais bien. Je dois le terminer parce que c'est moi qui ai le contrôle.

Je contrôle ce que j'écris, et donc ce que vous lisez. Il m'est possible de jouer avec vos sentiments, vos émotions, votre intelligence. Et non l'inverse. Aussi dérisoire que cela puisse paraître, je peux vous mentir, je peux vous leurrer, je peux vous manipuler. Tant que vous me lisez, j'ai une certaine influence sur votre esprit. Peut-être même sur vos actes. À distance. Et dans le temps.

En lisant, vous offrez un peu de votre disponibilité. Vous abandonnez un peu de votre liberté. Quelques instants. Vous vous laissez guider. Vous laissez une opportunité à celui qui écrit de vous amener où bon lui semble. Au début de ce chapitre, il est possible que vous ayez manipulé votre livre pour vérifier que vous n'avez pas sauté de pages. Si vous ne l'avez pas fait, vous allez peut-être le faire.

Le chapitre que vous lisez actuellement se nomme « Chapitre 8 » alors qu'il fait suite à « Chapitre 6 ». Il n'y a pas eu de « Chapitre 7 ». À la fin du chapitre 6, je posais une question. Je me posais une question. Quelle est donc la réponse ?

Techniquement, vous êtes en train de lire le septième chapitre. Mais son nom est « Chapitre 8 ». Il n'y a pas de « Chapitre 7 ». Mais il y en a un. « Chapitre 7 » existe et n'existe pas.

Il est possible que cette opposition entre mathématique et littérature déclenche des réactions chez le lecteur ou la lectrice que vous êtes. Il est possible que vous ayez parcouru les chapitres suivants pour vérifier si je n'avais pas glissé « Chapitre 7 » entre « Chapitre 12 » et « Chapitre 13 ». Par vice. Par jeu. Il est possible que vous vous demandiez le sens de tout cela. N'est-ce pas là le but de l'écrivain.e ? Faire réagir celui ou celle qui lit. Glisser des mots dans les failles de ses biais cognitifs afin de l'amener où l'on veut.

Je n'ai absolument aucune idée de la réussite ou de l'échec de mon plan. Il n'y a que vous qui savez. Et encore. Si cela n'a pas fonctionné sur vous, cela a peut-être fonctionné sur d'autres. Si cela a fonctionné sur vous, c'est que j'ai usé du pouvoir de l'écrivain.e sur vous. Vous m'avez durant quelques minutes laissé le pouvoir sur votre esprit. Vous pouvez très bien reprendre la main en refermant ce livre et en cessant de le lire. Seulement, si vous le faites, vous ne saurez pas pourquoi j'écris, dans quel but et où je veux en venir. Si vous avez atteint cette phrase, c'est que quelque chose vous intéresse. Un peu. Ho ! vous avez peut-être refermé l'ouvrage quelques secondes, pour voir, ou simplement eu envie de le faire, pour montrer que c'est vous qui avez le vrai contrôle. Nul doute, vous l'avez. Vous avez choisi mon livre, vous pouvez stopper sa lecture quand bon vous semble. Stopper et ne jamais reprendre. Mais vous êtes en train de me lire. Encore. Et si j'évoque une montagne enneigée, votre cerveau va l'imaginer. Je vous ai fait penser à une montagne enneigée juste en l'écrivant. N'est-ce pas fascinant ?

Ce qui est tout aussi fascinant, c'est que ce chapitre m'a bloqué durant des semaines. Cela fait bien trois mois que je n'ai pas ouvert mon traitement de texte. Paralysé par la direction que prennent mes écrits. Comme si arpentant les couloirs de ma pensée je me retrouvais soudainement devant une porte close dont j'avais perdu les clefs. J'ai voulu jouer à cache-cache et je me suis perdu. Je me suis éloigné de l'idée première. Je me suis éloigné de mon but premier. J'ai essayé durant ces semaines de doutes de comprendre ce qui se passe dans mon esprit, de comprendre ce qui m'arrive. Et je me suis souvenu de l'objectif de ce livre. Me voilà donc en train de taper à nouveau sur mon clavier. Me voilà en train de me demander si tout cela est une bonne idée.

Si la situation que j'ai créée a provoqué une réflexion, des sentiments, une manipulation de l'ouvrage pour aller vérifier le nom des chapitres, la numérotation des pages, c'est que mes mots fonctionnent. Je sais écrire. Un peu. J'ai donc eu raison de me lancer. Dans le cas contraire, ces pages sont vaines. Je me suis menti. On m'a menti. Je ne sais pas écrire.

Comment savoir si tout cela fonctionne ? En allant au bout. Simplement en allant au bout.

Dans quelques pages vous aurez oublié que j'ai brisé volontairement la logique du nom des chapitres. Dans quelques instants nous allons, ensemble, passer à autre chose. Passer à quoi ? Je ne sais encore. J'avance au hasard de mes circonvolutions cérébrales, guidé simplement par une envie, un besoin.

Chapitre 9

Cela fait 28 mois que j'ai cessé de travailler dans le sens le plus communément admis. J'ai cessé de faire sonner mon réveil pour arriver le premier au bureau. J'ai cessé d'attendre que tout le monde soit parti pour enfin rentrer chez moi. J'ai rompu le cercle infernal du « vivement dans 3 mois que tout soit plus calme ! » J'ai mis fin à une « veille stratégique » permanente, usante. Cela fait un peu plus de 2 ans que je n'ai plus de collègues, plus de rendez-vous, plus de relations professionnelles avec quiconque. Et je me sens bien. Je me sens mieux. Pourtant j'aimais mon boulot. Je dirais même que d'aucuns me l'enviaient. J'avais une situation extrêmement privilégiée. Mais j'en ai eu assez. Trop de gens. Partout. Trop de gens à qui devoir parler. Trop de gens à convaincre. Trop de gens à satisfaire. Trop de gens se plaignant. Trop de gens agressifs. Trop de gens flatteurs. Trop de gens à tous les niveaux. Alors j'ai dit stop. J'ai tout arrêté. Parce que je le pouvais. Il n'est pas aisé de dire stop. Le système économique, la société, l'âge ne facilitent pas la prise de ce genre de décision radicale. Mais j'ai pu dire stop. Ma position, mon vécu, mon état d'esprit, mon entourage me permettaient de dire stop.

Ma situation était particulière, j'en conviens. J'ai créé une entreprise au début des années 2000 et j'ai pu la vendre 18 ans plus tard. Moi, le cancre sans diplôme, celui dont on ne savait quoi faire, celui à qui on ne voyait aucun avenir, l'idiot définitivement perdu aux yeux de l'éducation nationale, j'ai monté une entreprise, je l'ai dirigée, j'ai créé des emplois, j'ai participé à l'essor d'un secteur, j'y étais connu, reconnu. Je faisais ce que je voulais, quand je le voulais. Je pouvais essayer, tenter, discuter, créer, m'amuser... Mais j'ai tout quitté. J'ai vidé mon bureau, j'ai mis mes affaires dans un carton et j'ai laissé ma place.

Je ne suis pas, comme certains le pensent, parti à la retraite. Je suis bien trop jeune pour avoir droit à ce statut. D'autant que je vais avoir du mal à être administrativement à la retraite. Vu l'âge auquel j'ai commencé à cotiser, je n'aurai aucun droit avant mes 80 ans. D'aucuns pensent aussi que je suis devenu rentier. Si j'ai bien vendu mon entreprise, le pécule que j'en ai tiré n'est pas suffisant pour assurer jusqu'à mes 80 ans. Je ne suis donc ni à la retraite, ni rentier. Mais peu importe. Je n'ai pas tout arrêté pour me retirer de la vie active. Loin de là. La retraite est un concept que je n'ai pas intégré à mon existence. Ce n'est pas faute d'en avoir entendu parler. « Et ta retraite, tu y penses à ta retraite ? » Il faut dire que jusqu'à l'âge de 40 ans je n'ai pas vraiment eu de revenus. J'ai eu le temps de l'entendre cette phrase. Non, je n'y pense pas à ma retraite. Non. Je ne me suis jamais imaginé me retirant. Je ne me suis jamais imaginé n'étant plus actif. Jamais.

J'ai tout quitté. C'est un fait. Mais je n'ai jamais eu l'intention de me la couler douce. Même si j'excelle dans l'art de ne rien faire, voire dans celui de faire semblant de faire, en vérité, je ne sais pas ne rien faire. D'ailleurs, est-ce que cela existe vraiment quelqu'un qui ne fait rien ? À partir du moment où l'on considère que prier, c'est faire quelque chose, je ne vois pas bien à qui l'on peut reprocher de ne rien faire.

Avant de tout envoyer balader, j'ai bien évidemment mesuré tous les risques. J'ai très largement passé les 50 ans, je n'ai aucun diplôme, aucune formation, aucune expérience autre que celle d'un domaine ultra-spécifique que j'ai quitté et dont je ne veux plus vraiment entendre parler, et je sais pertinemment qu'aucune entreprise ne m'embauchera à la lecture de mon C.V. D'autant moins que j'ai maintenant un trou de 28 mois sans aucune activité dans le sens communément admis par la société. Il m'est donc quasi impossible de trouver un emploi. Impossible, sauf si, à nouveau, je le crée moi-même.

En cédant mon entreprise, en m'en libérant, j'avais quelques idées en tête. Des idées motivées par des envies. Des besoins. Des aversions. Oui. Des aversions. Dans un boulot que j'avais construit moi-même, par hasard, à l'instinct, en improvisant, j'en étais arrivé à un point où être entouré d'autant de monde me posait problème. J'avais de plus en plus de mal avec les discours intéressés. De plus en plus de mal avec les discours destructeurs. Je n'en pouvais plus de dépendre d'autant d'intermédiaires. Je n'en pouvais plus d'avoir à discuter, à expliquer le bien-fondé de tel ou tel choix, de telle ou telle décision. Je n'en pouvais plus de devoir satisfaire autant de gens différents, autant d'individus aux buts et aux envies parfois si éloignés de mes propres attentes, de ma propre vision du monde. J'avais le sentiment de me perdre. Ma vie suivante devait intégrer ces variables. Il me fallait une activité la plus autonome possible, demandant le moins de métiers annexes pour la mettre en œuvre. Une activité qui m'exposerait, certes, mais cette fois à un public qui choisirait délibérément, en pleine conscience, de me consommer.

En tapant ces dernières phrases, en alignant ces dernières pensées, j'ai le sentiment de me rapprocher doucement de mon idée de départ. Je suis peut-être en train de retomber sur mes pieds. Là, tout de suite, j'ai envie de me lancer dans l'écriture d'un chapitre autour du concept de « consommation ». Je suis bel et bien un produit. Vous êtes en train de me consommer.

Chapitre 10

Lorsque j'ai décidé de changer de vie, l'écriture m'est apparue comme l'une des voies les plus évidentes, la plus réjouissante. Jouer avec les mots. Jouer avec le lecteur. Jouer avec la raison. Explorer des idées. Analyser des pensées. Les formaliser. Les partager. Et, surtout, produire seul, à mon rythme, sans personne à convaincre sur l'instant. Si ce n'est moi. Il est vrai que je n'imaginais pas que me convaincre allait être aussi difficile. Mais si vous en êtes là, ce court ouvrage entre les mains, c'est que j'ai réussi. C'est que j'ai franchi le cap difficile de la confiance. J'ai même passé l'étape complexe de l'édition. Mieux, j'ai au moins un lecteur. Ou une lectrice. J'ai même réussi à titiller votre intérêt, à vous captiver peut-être. Je ne sais pas encore combien de pages fait ce livre, mais vous semblez l'avoir bien entamé.

Oui, j'écris ne pas encore savoir combien de pages fait « Quoi de neuf, Philippe ? » Je n'ai pas encore terminé sa rédaction et pourtant je le qualifie de court. Je l'avouais dès le prologue, je n'ai aucun plan précis, aucune note, je ne sais pas où je vais. Mais depuis le départ, dans mon esprit s'est fixée l'idée de ne pas faire long. Je ne me sens pas capable de noircir des centaines de pages. Pas encore. Pire, je me demande si, à notre époque, dans ma situation, cela n'est pas contre-productif. Et plus largement, est-ce que cela a un quelconque intérêt ? Notre temps d'attention n'a d'égal que la vitesse à laquelle nous passons à autre chose. Tout s'est accéléré. Tout s'est réduit. On se contente de lire les titres des articles de presse partagés sur les réseaux sociaux. On regarde les films sur les plates-formes de streaming en vitesse 1,5. On refait le monde en 280 caractères. On raconte sa vie en vidéos de 30 secondes. Qui va se lancer dans la lecture d'un premier livre de 300 pages écrit par un quinquagénaire sorti de nulle part et sans aucune expérience ?

Faire court, c'est essayer de produire un format dans l'air du temps. C'est travailler un produit avec l'espoir de toucher un certain public. Moins assidu. Avec moins de références. Peut-être un public moins exigeant. Moins timide. Écrire court, c'est m'adresser à moi-même. Je suis un non-lecteur devenu non-écrivain avec comme cible potentielle les non-lecteurs et non-lectrices.

Et puis, au fond de moi, raisonne une logique qui peut paraître étrange. À quoi bon m'épuiser à faire long si finalement je fais mal. À quoi bon passer des mois à coucher des phrases si je n'intéresse personne. À quoi bon m'épuiser à essayer de plaire aux amateurs de littérature si c'est pour, au mieux, ne pas être lu, au pire, me ridiculiser. Autant faire court. Faire court, c'est optimiser mon temps, c'est gérer mon effort. C'est proposer un apéritif et observer si l'appétit est toujours là. Après. Il sera toujours temps d'envisager la suite en fonction de vos réactions à cette première « œuvrette ». Après.

Je suis, à cet instant même, en train de me soumettre au délicat moment du jugement. Ces quelque 50 pages vous ont sans doute déjà permis d'établir si mon écrit avait un quelconque intérêt. Vous avez commencé à évaluer mon style, mon propos, mes idées, mon histoire, ma scénarisation. Une fois au bout, vous allez participer à mon destin. Une fois au bout, il me restera à gérer cet après. Mais je n'en suis pas là. Et vous non plus. Je dois encore fournir un effort. Un petit effort. Je dois encore écrire quelques pages. La masse de travail d'un ouvrage, son sérieux se mesurent en nombre de pages. Son prix aussi. Son prix surtout. Et 51 pages, ce n'est ni très sérieux, ni très rentable.

Pourtant. Pour quelqu'un qui doute, pour quelqu'un qui débute, pour quelqu'un qui n'a aucun repère, pour quelqu'un qui se lance à un âge où d'autres s'arrêtent, écrire représente une quantité de travail titanesque. N'ayant aucun réflexe, aucun repère, j'ai l'impression de passer un temps monstre à me relire, à me corriger. Je relis et me demande si cette seule phrase est suffisante pour comprendre l'idée proposée. Je relis et me demande si en rajouter serait de trop. Je relis et me demande si ce mot est clair et bien placé. S'il est sujet à interprétation. Si ce chapitre ne m'écarte pas trop de l'essentiel. Je me pose beaucoup de questions. Beaucoup plus que ce que j'imagine nécessaire à un écrivain. Je prends beaucoup de temps. Mais j'avance. Doucement. J'avance et je prends du plaisir. Au fur et à mesure. N'est-ce pas l'essentiel ? Ça, et avoir un objectif. Avoir un but. Cela est socialement et intellectuellement apaisant d'avoir un but. Je suis en train de créer mon salaire. Oui. Il est fort probable que vos yeux sur mes phrases soient rémunérateurs. Je ne sais pas combien me rapporte votre regard, mais si je suis allé au bout du projet, il me rapporte. Je l'espère. J'y compte bien.

Pourtant. Le lien entre nombre de pages et prix d'un livre n'a rien d'une évidence. Il semble irrationnel de mesurer le temps de travail créatif au poids ou à l'épaisseur du produit que l'on achète. Cela semble juste au moment de passer à la caisse. Qui voudrait payer 30 € pour 52 pages ? Cela semble juste au moment du calcul de rentabilité. Qui voudrait investir dans l'édition sans retrouver rapidement son argent ? Surtout dans un secteur engorgé. Si je tape toutes ces lettres, toutes ces phrases, si je joue avec les mots, avec les concepts, avec vous, si j'étale mes idées, si je me raconte, c'est qu'intellectuellement l'exercice me plaît. Cela est indéniable. Mais c'est aussi parce que je suis en train de concevoir un produit de consommation. Je dois donc tout considérer. Dans son ensemble. Si je fais trop long je crains de ne pas trouver mon public. Si je fais trop court, je crains de ne pas rentabiliser le temps consacré à l'écriture.

Il n'est donc pas exclu que certains passages de « Quoi de neuf, Philippe ? » n'existent que dans le but de rajouter des signes. Faire plus long pour rendre plus rentable. Je ne sais pas si cela se fait. Je ne sais pas si cela se dit. Je ne sais pas si cela se voit. Je ne sais pas si cela est honteux. Je ne sais pas si cela se dénonce. Je ne sais pas si cela est malin. Je ne sais pas si. Je ne sais pas. Je ne sais. Je ne. Je.[6]

Il est possible que réfléchir à cet aspect soit perçu comme un blasphème. Il est possible que le verbaliser soit considéré comme d'un culot qui n'a d'égal que la honte qui devrait m'envahir. Il est possible que l'on me dénonce. Mais pour cela, il faudrait qu'un puriste me lise, atteigne cette page et s'en offusque publiquement.

---

[6] *Là, normalement, cela doit se voir…*

Chapitre 11

Dans un monde où, adolescent.e, nous devons choisir un métier pour le reste de notre existence, enchaîner plusieurs vies semble difficilement envisageable. Dans une société où chaque profession est soumise à diplômes ou formations, il peut paraître risqué de se lancer, seul.e, dans des domaines que l'on ne connaît pas. Dans un système où la stabilité est recherchée parce que rassurante, il peut paraître étonnant d'abandonner une activité florissante pour tenter de se faire adopter par un secteur fluctuant où trouver une place semble impossible. Pourtant, me voilà en train d'écrire, me voilà en train de faire de l'Art. Oui. Vous lisez de l'Art. Ce n'est pas moi qui le décrète, ce sont les faits, les définitions, les concepts.

Les Arts sont étudiés, codifiés, industrialisés, contrôlés. La littérature est un Art majeur. Le 5e selon un classement fait au XXe siècle. Un Art respectable. Donc. Il peut apparaître fou de se lancer du jour au lendemain dans une telle voie artistique depuis son petit bureau sans aucune expérience ni réseau. D'autant plus fou que l'on n'a plus pour soi l'innocence de la jeunesse. Écrire fait partie de ces Arts où la sensibilité est censée s'exprimer très tôt. On le dit. On le souligne. Qui produit de la musique, de la peinture ou de l'écrit a forcément été envahi dès son enfance par le désir de créer, par l'ardeur de l'expression. Il peut dès lors sembler improbable de se lancer en littérature à quelques encablures de son troisième âge. Qui plus est sans jamais avoir éprouvé une réelle appétence pour l'exercice. Et encore moins pour cet Art en particulier.

À ce moment précis de l'ouvrage, il peut paraître prétentieux d'affirmer faire de l'Art. Je répondrai que la sentence ne peut venir que de celui ou celle qui n'y entend rien. En Arts. Il y a bel et bien intention dans mon récit. Il y a bel et bien recherche de forme et de fond. Vous qui me lisez, vous l'avez senti. Je le souhaite. Je l'espère. Je le désire. Je m'adresse délibérément à vos sens, à vos émotions, à vos intuitions et à votre intellect. C'est là l'une des nombreuses définitions de l'Art. Évidemment, il n'est pas question ici de bel-art. Il n'y a probablement rien d'académique dans ce que je vous propose. Je ne peux le prétendre puisque je n'ai pas étudié. Si peu. Si cela est, nous dirons que j'ai croqué le fruit du hasard. Quant à être anti-académique, cela serait bien peu volontaire. Je ne connais pas les règles, je ne peux réfléchir aux moyens de les bousculer. Il apparaît difficile de tenter de briser quelque chose que l'on ne connaît pas. Je serais donc tout au plus « anacadémique ». Il n'en demeure pas moins que j'essaie ici de traduire des pensées, des intentions, en mots, en phrases. J'essaie de le faire avec toute la finesse et toute l'intelligence que j'ai de disponible. Avec l'intention de séduire. De vous séduire. En somme j'écris. Et si écrire n'est pas mon métier au moment où je couche ces mots, je souhaite que cela le devienne. Ou tout du moins que cela me nourrisse. Un temps. Or, est bien considéré.e écrivain.e toute personne habile dans l'art d'écrire ou qui en fait son métier. Si ce que j'écris vous semble habile, ou si cela est devenu mon métier, c'est bien que je suis écrivain. Je peux donc revendiquer faire de l'art. Même avec un petit a. Je suis donc en train de devenir, sous vos yeux, un artiste. Avec un petit a. Il n'y a rien de prétentieux dans l'histoire. Nous sommes dans l'ordre de la définition.

Et puis, qu'y a-t-il de prétentieux à se dire artiste ? Un artiste peut être adulé tout autant qu'il peut être méprisé. Il en va d'ailleurs de même pour certaines formes d'Art. Nous pourrons certainement nous accorder sur le fait que l'écrivain.e est rarement considéré.e comme saltimbanque. On peut se prétendre musicien.ne est grattant quelques accords sur une guitare ou en tapant en rythme sur une batterie dans un groupe de reprises sans froisser qui que ce soit. Personne ne trouvera à redire. Mais pour l'écriture, c'est autre chose. La pratique est sérieuse. On ne se revendique pas écrivain.e en recopiant le dernier prix Goncourt le week-end dans une cave.

Les écrivain.e.s ont ce petit quelque chose en plus. Cette petite auréole qui les place au-dessus. Ce sont des gens qui pensent. Qui pensent et qui couchent leur lucidité sur le papier. Ils et elles maîtrisent les mots, leurs subtilités. La littérature apparaît comme l'une des formes de culture les plus resplendissantes. La pratique est portée aux nues. Même celui ou celle qui lit est valorisé. Bien plus que celui ou celle qui écoute de la musique. Ou alors de la classique. Oui. Écouter de la musique classique vous place au-dessus de l'amateur de musiques urbaines. C'est ainsi. Pour le moment.

La littérature s'étudie à l'école. Longtemps. Elle peut divertir, certes, mais elle transmet le savoir, la connaissance. Elle est un reflet de l'histoire. Elle pose question. Elle nous met face à nos contradictions. Elle nous raconte. Elle nous définit. On la cite. Ha ! la citation. Ce bel usage de la mémoire qui vous place un homme. Ou une femme. Qui est-on si l'on n'a pas lu tel.le auteur.e, tel ouvrage ? Car il faut lire. Il faut avoir lu.

La lecture a quelque chose de prodigieux. Elle nous offre le monde. Elle façonne nos pensées. L'écriture a, elle aussi, quelque chose de magique. Elle donne corps à nos pensées. Elle nous offre au monde. Et tout cela sans qu'aucune compétence exceptionnelle n'ait besoin d'être mise en œuvre. Nul besoin de s'entraîner de longues heures pour lire une fois que l'on sait. Nul besoin de faire ses gammes tous les matins pour écrire lorsque l'on sait. La lecture et l'écriture sont parmi les premières choses que l'on nous enseigne.

Pourtant, cet Art à la portée de tous a quelque chose d'effrayant. D'abord ses règles ! Utiles parfois, fantaisistes souvent. Son histoire indiquerait qu'une poignée d'entre elles ont été mises en place pour nous embarrasser, nous évaluer, nous juger, nous classer. Je suis de ceux qui ne savent pas identifier un complément d'objet direct, de ceux qui ne savent pas conjuguer au passé simple, de ceux qui ne savent jamais placer les doubles consonnes.

Si l'outil est simple, évident, son usage l'est beaucoup moins. Le chemin entre l'abstraction de la pensée et sa concrétisation via des mots n'est pas aisé. Pas pour moi. Il y a tellement d'embûches, tellement de pièges. Se revendiquer écrivain paraît, au commun que je suis, impensable. Pour ne pas dire inaccessible. Ceci n'est pas dû au simple fait d'avoir cessé d'écouter en classe à l'âge de 12 ans ni de n'avoir lu aucun des classiques obligatoires au fondement d'une culture générale respectable. Celle qui donne le goût. Non. Il est plutôt question de honte. Longtemps j'ai eu honte d'écrire.

Honte de n'avoir retenu aucune règle grammaticale et orthographique. De cette honte qui pousse à ne pas exposer ses déficiences pour ne pas être jugé. Si, du temps où l'on noircissait directement le papier au stylo, mon écriture était illisible, ce n'était pas parce que j'étais gauche. Non. Je ne voulais simplement pas que l'on me lise. Bienheureux les inventeurs du traitement de texte et des logiciels de correction automatique.

Et puis écrire, c'est se raconter. Des études ont démontré qu'un individu sur deux veut écrire, veut se raconter. Dans un livre. Le livre, objet idéal pour laisser une trace. Durable. Se raconter c'est ne pas vouloir disparaître. Un peu. C'est se penser intéressant. Peut-être. Au-delà de sa mort. Même.

Que peut-il y avoir d'intéressant dans ma vie, que peut-il y avoir de palpitant au point de me sentir obligé de l'étaler publiquement ? Dans un livre. Pourtant, je suis en train de le faire. Là. Sous vos yeux. Depuis 57 pages maintenant.

Chapitre 12

J'ai commencé à structurer mon écriture par hasard. Sans vraiment m'en rendre compte. L'idée de construire mes textes de façon « littéraire » est née sur les réseaux sociaux. C'est en lisant les commentaires sous certains de mes statuts Facebook que j'ai pris conscience du pouvoir des phrases, de la puissance des mots, de l'attachement que pouvaient avoir certaines personnes à certaines verbalisations. Cela s'est fait doucement. Par petites touches. Parfois imperceptibles.

Comme beaucoup de ma génération, j'ai découvert le World Wide Web à la fin des années 90. Les 90 du XXe siècle. Comme peu, j'ai décidé d'en faire mon métier. Pour des raisons assez similaires à celles qui me mènent aujourd'hui à l'écriture. Dans les mêmes conditions, avec la même approche et les mêmes objectifs. J'ai appris à programmer. Seul. J'ai créé un site web. À partir de rien. Une base de données à vocation professionnelle devenue rapidement la caisse de résonance d'un secteur qui cherchait à exister, à se développer.

En veille permanente pour mon entreprise, j'ai cultivé un certain penchant à l'observation de la toile, à sa scrutation. Pas uniquement pour surveiller les évolutions techniques ou une potentielle concurrence. Non. S'arrêter à cela eut été dommage. Et très limité. Le développement de cette activité, dans un secteur fait essentiellement de passionné.e.s, m'a contraint à gérer une communauté et son expression. De manière parfois frontale. Lorsque le milieu s'est professionnalisé, lorsqu'il a aiguisé certains appétits, la chose est devenue légèrement tendue. De fait, j'ai été amené à analyser toutes les avancés, toutes les propositions technologiques, mais aussi sociales. Si j'ai toujours été à l'affût de ce qui semble secouer le présent et dessiner l'avenir, mon activité professionnelle a exacerbé mon regard. Si l'autre m'a toujours intéressé, agacé, intrigué, exaspéré, Internet m'a offert un poste d'observation formidable.

J'ai vu apparaître de nombreux projets. J'en ai vu disparaître aussi. J'ai acquis un réflexe. Celui de créer un compte sur chaque nouvelle application, chaque nouveau site qui me semble intéressant. Pour explorer les options. Pour décortiquer les innovations. Pour comprendre les intentions. Pour appréhender les conséquences. Cela me permet d'adapter mon « travail », mais aussi mon esprit. J'ai donc vu arriver YouTube, Facebook, Instagram, Twitter et tant d'autres. J'ai ouvert des profils sur ces plates-formes dès leur création. Et j'ai assisté aux bouleversements qu'elles ont induits. À bien des niveaux. J'ai vu en temps réel ces nouveaux médias modifier la civilisation dans laquelle je vis depuis plus d'un demi-siècle. J'ai observé la foule. J'ai regardé les individus. J'ai décortiqué les systèmes. J'ai été époustouflé. J'ai été effrayé. J'ai été subjugué. J'ai été effaré. J'ai été excité. J'ai été dégoûté. J'ai été motivé. J'ai énormément appris. Et j'apprends encore. Chaque jour. Encore. Maintenant. Là. Entre l'écriture de deux chapitres. Je poste. Je partage. J'en use. J'en abuse. J'en joue. Je détourne. Je mène des expériences.

Mon activité me mettant sur le devant de la scène, une partie du public et des professionnels m'ont retrouvé sur ces nouveaux lieux d'expression. Par affinités pour certains, par intérêts pour d'autres. Fort d'une nouvelle lumière, je m'y suis exposé. La lumière m'a toujours attiré. Non pas pour me mettre dedans afin que l'on me voie. Non. Là où il y a de la lumière, il se passe souvent quelque chose. Là où il y a de la lumière, il y a souvent des gens. Là où il y a de la lumière, il y a souvent à voir, souvent à faire, souvent à apprendre.

Comme la plupart j'ai commencé sur Facebook en postant du dérisoire. De l'anecdotique. Du potache. Le tout accompagné de quelques détails personnels. L'idée étant de créer un ersatz de proximité, le personnel - léger et contrôlé - est plutôt efficace pour arriver à ses fins. Même si cela ne saute pas immédiatement aux yeux lorsque l'on « scrolle » sur mes interventions, j'ai utilisé ces outils d'abord et avant tout dans un but professionnel. J'ai eu des « ami.e.s ». Puis des « ami.e.s d'ami.e.s ». Puis des « ami.e.s d'ami.e.s d'ami.e.s ». J'ai pour habitude, sans restriction et tant qu'il y a de la place, d'accepter absolument tout le monde. Aussi étonnant, ou incroyable, que cela puisse paraître, je n'ai jamais demandé à quiconque de le devenir. Mon « ami.e ». Il est vrai que j'ai un souci avec l'usage de ce mot. En amitié, il est question d'attachement. Plus précisément d'attachement affectif. Et je crains de ne pouvoir user d'affection qu'envers une toute petite poignée de personnes, et pour des périodes à la durée aléatoire. Je le confesse aussi volontiers, j'ai un problème dès qu'il s'agit de demander quoi que ce soit à qui que ce soit. Mais c'est un autre sujet...

Multipliant les activités, comme la musique ou le sport, et forts de quelques statuts politiques durant les périodes électorales, les « followers » hors secteur d'activité professionnelle sont devenus de plus en plus nombreux. Des profils en tous genres. Je me suis évertué à comprendre ce que cherchaient ces gens dans cette « connexion amicale ». J'ai essayé de reconnaître, pour chacun d'eux, l'élément qui les avait poussés à créer dans leur esprit ce lien. Pourquoi, juste après l'exposition d'un semblant d'idée, d'un bon mot ou d'une tranche de vie, apparaissait cette envie d'amitié virtuelle ? Si pour certains l'intérêt était évident, pour d'autres il l'était moins. Alors j'ai tenté des choses. Tantôt anodines, parfois provocantes. J'ai enchaîné le plat et le profond. J'ai proposé du creux et du plein. Et j'ai essayé d'en tirer quelque chose. Sur les autres d'abord. Sur moi ensuite. Et j'essaye encore.

Ce n'est pas tant le sujet de la publication qui m'importe, ce sont plutôt les réactions. Qui. Comment. Pourquoi. Sous quelle forme. Avec quel ton. Quels arguments. Je tire de l'enseignement jusque dans la rupture, jusque dans le clic dépité, rageur ou méprisant qui me retire une amitié aussi rapidement qu'elle m'a été proposée. Parce que je n'intéresse plus. Parce que je contre-argumente. Parce que j'émets une divergence d'opinions. Parce que d'un seul coup j'apparais sous mon vrai jour. Je suis un con. Oui. Un con probablement imbu de sa personne. Qu'il doit être difficile d'avoir demandé en ami un con à l'ego problématique. Je compatis. En 20 ans de Newsgroups, de forums et de publications diverses, j'en ai généré des déceptions. En 20 ans d'Internet, ils sont quelques-uns à m'avoir bien fait comprendre que j'étais un con. Mais je m'en suis remis. Je m'en remets toujours. Parce que si ferrailler en ligne peut m'amuser, j'accorde tout de même plus d'importance aux remarques bienveillantes. La preuve, cet ouvrage. Si j'en suis à taper ces mots, c'est à cause, ou grâce, à la bienveillance s'exprimant sur les réseaux sociaux.

Un jour, sous une de mes expériences, quelqu'un a déposé ce commentaire : « *Vous avez la plume bien fine, Monsieur Phal.* » Quelqu'un d'autre a ajouté : « *Et soudain me voici à me demander : si Proust, Hugo, Nerval, Duras, tant d'autres, avaient eu accès à Facebook, à quoi donc auraient ressemblé leurs statuts ?* »

Titillé, j'ai cherché à mieux placer mes virgules. Je me suis laissé aller à plus personnel, tout en cherchant l'universel. J'ai partagé quelques écorchures de jeunesse, quelques blessures intimes. J'ai alors pu lire en commentaire : « *Vos paroles me font écho* » ou « *Putain Monsieur Phal, mais écris des bouquins bordel de nom d'un petit bonhomme...* » J'ai continué à alterner contenus anodins, réflexions improbables et récits personnels légers. Et puis, un jour, j'ai fait ce court statut :

« *Mon père frappait ma mère. Ma mère frappait mon père. Mes parents se battaient. Souvent. Mon père gagnait. Toujours. Ma mère perdait. Toujours. C'est ce que mon père pensait. C'est ce que ma mère croyait. Mais mon père perdait. Petit à petit. Mon père a perdu. Mon affection. Ma considération. Au fur et à mesure des bagarres. À chaque coup porté. Un peu plus. À chaque menace. Un peu plus. À chaque brimade. Un peu plus. Il perdait.*

Ma mère a fui. Un jour. Elle n'est pas rentrée. Un soir. On est restés seuls. À l'attendre. Ma mère n'est pas rentrée. Elle a gagné sa liberté. Elle a volé la nôtre. Ma mère a gagné. C'est ce qu'elle croyait. Mon père était perdu. C'est ce qu'elle voulait. Mais elle m'a perdu. Moi. Chaque jour un peu plus. Chaque semaine un peu plus. Neuf mois d'assistance publique, ça vide un cœur. Ce n'est pas bien gros le cœur d'un enfant de 11 ans. Cela se vide vite.

En grandissant, je crois que j'ai passé mon temps à essayer de le remplir. Ce cœur vide. Le plus possible. Avec une obsession. Un but. Aimer une femme. Le plus possible. Le plus longtemps possible. Aimer mes enfants. Le plus possible. Et qu'ils m'aiment. Le plus possible.

J'ai mis du temps à accepter. À comprendre. À pouvoir reprendre ma mère dans mes bras. Il aura fallu une maladie. Terrible. Lente. Mais j'ai vu dans ses yeux qu'elle était fière. Heureuse. Le petit cœur vidé était plein. À nouveau. Une petite parcelle était pour elle. »

Il y eut de nombreuses réactions. Publiques et privées. Quelqu'un a commenté : « *Tu m'as fait chialer, monsieur* » là où un autre m'a envoyé un message m'exposant sa confrontation à la même violence familiale, rajoutant que mon récit lui avait fait du bien car il n'arrivait pas, lui, à verbaliser ce qu'il ressentait. J'ai été interloqué. Je me suis posé des questions sur les biais qui pouvaient impliquer un tel impact. J'ai continué de parler de tout et de rien, tout en glissant régulièrement des tentatives « littéraires ». Sur le fond et sur la forme. Et j'analysais les réactions. Le degré de flatterie. Le niveau d'attachement, d'intérêt. J'ai poussé les investigations au point de me retrouver à analyser les profils de certains pour tenter d'éprouver leur propos. Jusqu'à ce que je me convainque qu'il me fallait tenter quelque chose de plus formel. Il fallait que je pousse la chose plus loin. J'en avais envie. Peut-être même besoin. Ce besoin, cette envie viennent de générer 65 pages.

Il est possible que vous soyez l'une de ces personnes. De celles qui m'ont lu, qui m'ont écouté, qui m'ont regardé sur les réseaux. Cela est même fort probable si vous êtes dans les premiers lecteurs ou lectrices de cet ouvrage. En effet, qui, à part quelqu'un me lisant sur les réseaux, aurait connaissance de son existence ? Qui aurait fait l'acquisition de « Quoi de neuf, Philippe ? » sans avoir été motivé par l'un de mes posts autopromotionnels ? Eh bien, sachez que je vous ai observé. Oui, vous. Sachez que je vous ai provoqué. Sachez que vous m'avez servi de sujet d'expérimentation. Sachez que vous êtes sans doute à l'origine de cette vocation tardive. Vous êtes à l'origine de cet ouvrage. Vous êtes à l'origine de ma nouvelle vie. Merci.

Si ce n'est pas le cas, si vous ne connaissez rien de mes précédentes vies, si vous découvrez en lisant ces lignes mon existence numérique, ma présence sur les réseaux sociaux, il est possible que dès la fin de ce chapitre vous alliez me googliser. Sans doute allez-vous me chercher sur Facebook, Instagram ou ailleurs en tapant « Quoi de neuf, Philippe ? » ou « Monsieur Phal ». Peut-être allez-vous tomber sur un statut qui vous attend depuis des mois. Peut-être allez-vous, si je suis toujours vivant, me demander en « ami » ou me « follow ». C'est à la fois anecdotique et amusant. Mais le plus jouissif pour moi est ailleurs. Il est dans le fait que, ne me connaissant pas, il est possible que cet ouvrage ait dépassé le cadre de mes « amitiés » numériques. Mon imagination débordante me souffle qu'on a éventuellement parlé de cet ouvrage dans une émission culturelle. Elle ose l'évocation dans une revue littéraire. Mince. Vous me lisez potentiellement pour ce que j'essaye d'être, un écrivain. J'ai peut-être réussi, mais je n'en sais rien encore. C'est une étrange sensation. J'en frissonne. Et je me pose des milliers de questions.

Qu'est-ce qui vous a emmené à ouvrir ce livre ? Qu'allez-vous en penser en le refermant définitivement ? Ne vous ai-je pas trop déçu ? Allez-vous en parler autour de vous ? Allez-vous faire un statut Facebook pour dire que vous l'avez lu ? Allez-vous twitter ce que vous en avez pensé ? Allez-vous faire un selfie l'ouvrage à la main pour Instagram ? Allez-vous me tagger ? Est-ce que ces sites et applications existent toujours au moment où vous me lisez ?

Chapitre 13

J'ai une bonne et une mauvaise nouvelle. Depuis quelques jours je veux terminer cet ouvrage. Je cherche comment apposer le mot fin. Ou plutôt « À suivre ! » Car ceci est supposé être un début. Une amorce. Une tentative pour confirmer ou infirmer mes choix. S'il est facile de commencer sans plan, de se laisser porter au gré de l'inspiration, arriver à une conclusion sans avoir prévu de fin s'avère plus complexe. D'autant plus que cette conclusion ne doit pas être définitive. Elle ne doit pas fermer, mais ouvrir. Si j'avais une idée directrice, je me suis perdu en cours. Pourtant, avec le chapitre précédent, je m'approchais du but que je m'étais fixé. Mais il s'est produit un événement qui me pousse à terminer là. Vite. On m'a proposé d'écrire ! Oui. Alors même que je suis en train de faire un travail de prospection intérieure sur ma capacité à utiliser ce moyen d'expression et à en vivre, voilà que l'on me propose de travailler, et de travailler en écrivant.

Vous ne le voyez pas, mais en tapant cette entame, je hausse les sourcils. Ils font cette virgule marquant la perplexité. Lorsque j'écris, mon visage accompagne mes mots, mon corps joue les phrases. Ma femelle me l'a fait remarquer. Tout comme elle m'a signifié hier soir, lorsque je lui ai dit que je pensais arriver à la fin de « Quoi de neuf, Philippe ? », que je ne pouvais pas arrêter là, maintenant. Que c'était trop court. Mais je veux faire court. Depuis le début. Elle le sait. Elle l'a lu. Puisque je lui fais lire chaque chapitre. Les uns après les autres. Et même si j'ai découvert qu'imprimer 110 pages était plus rentable qu'en imprimer 68, j'ai envie de considérer en avoir assez dit. Là. Maintenant.

Si je vous annonce qu'il ne vous reste que 2 pages à lire, vous allez aussi me reprocher d'avoir fait trop court ? D'avoir bâclé ? Je vous avais prévenu, vous aussi, que cela allait être court. Ne répondez pas, je ne vous entends toujours pas.

Je trouve pourtant que terminer avec « Chapitre 13 »[7] est assez classe. Une sacrée coïncidence[8]. Un signe même. Si j'étais mystique. Ce que je ne suis pas. Pas encore. Il paraît que plus la mort approche, plus on le devient car on ne sait jamais... Elle doit être loin ma mort.

Bon sang, si je laisse courir mes doigts sous l'impulsion de mes pensées, j'ai l'impression que je pourrais écrire des pages et des pages. Mais je ne peux pas. Cet ouvrage existe parce que je ne réussis pas à choisir vers quelle littérature aller. Ce projet existe pour que je mesure l'impact de mon écriture. Il a pris corps parce que je n'assume pas de me dire « écrivain ». Parce que je n'assume pas les 21 premières pages de mon projet principal. « Les bonheurs du malheur ». Je ne me vois pas assez de talents pour aller au bout de ce livre qui me raconterait. Vraiment. Et voilà que l'on me propose de travailler à partir d'un bout de texte produit et mise en ligne il y a deux ans maintenant ! L'une de ces

---

[7] *Oui, je sais, nous en sommes au 12e chapitre. Et toujours pas de chapitre 7.*

[8] *Je vous l'assure et vous pouvez me croire...*

fameuses expériences sur les réseaux sociaux. C'est perturbant.

Avant d'entamer ce paragraphe, j'ai mis ma tête entre mes mains. J'écoute de la musique calme, au casque, à faible niveau, mais mon esprit bouillonne. Je le sens palpiter. J'ai appuyé fort sur mes tempes. Comme pour presser mon cerveau à prendre une décision. À faire un choix. Je suis perdu. Un peu. Je jubile. Un peu. Vais-je oser ?

L'aspect journal intime, le côté « confession », la verbalisation de ce qu'il se passe dans les méandres de mon esprit, l'exposition de la complexité de mes sentiments sont, je l'avoue, particulièrement plaisants ici. Sur la forme j'entends. Je ne pense pas à haute voix mais en écriture. Je pense en écriture.

Je sais ce que je dois faire. Ce que nous devons faire. Considérons ceci comme le volume #1 de « Quoi de neuf, Philippe ? » Et si vous avez été réceptif, je le saurai. Par un moyen ou par un autre. Si cela vous a plu, intéressé, intrigué, dites-le. Et je reviendrai. Oui. Likez, partagez, commentez - mais ne spoilez pas -, et je reviendrai avec le volume #2 !

À suivre. Peut-être...[9]

---

[9] *Si j'ai bien dosé, il y a peut-être ici un brin de frustration...*

Remerciements

Je suis passé devant monsieur Leloup. Il rangeait son vélo devant la maison des associations. Il ne m'a pas vu. J'ai continué de marcher. Sur 20 mètres. J'ai souri en me souvenant. Puis je me suis arrêté. Monsieur Leloup est là, à quelques mètres, il faut que je lui parle. J'ai fait demi-tour. J'ai marché 20 mètres. Je me suis planté devant lui. Et je lui ai dit : « *Bonjour monsieur Leloup, je ne sais pas si vous me reconnaissez, mais vous avez été mon prof de français en 4e...* »

Pas évident. C'était en 1979. Il y a 40 ans. Exactement. Pas évident. À 14 ans, je n'avais pas cette barbe. Monsieur Leloup a souri et m'a dit : « *Bien sûr que je te reconnais. On s'est croisés quelques années après le collège. Alors, comment va la vie ?* »

Mon visage s'est éclairé et je lui ai répondu : « *Mais très bien. Ma vie va très bien. Elle est merveilleuse, ma vie. Elle est aussi belle qu'elle a mal commencé.* »

Il m'a demandé de lui raconter. Alors, je lui ai raconté. Je lui ai raconté qu'il était l'une des personnes qui m'avaient aidé à être ce que je suis. Sans qu'il s'en rende forcément compte. Parce que monsieur Leloup, même s'il me mettait des zéros en orthographe, même s'il me mettait des deux en dissertation, a toujours pris ma défense lors des conseils de classe. Parce que monsieur Leloup, devant un élève en difficulté, indiscipliné, était de ces profs qui ne le fracassent pas de quelques lignes méprisantes au bas d'un bulletin. Parce que monsieur Leloup est l'un des quelques profs ne m'ayant pas pris pour un total imbécile. Allant même jusqu'à utiliser le mot « intelligent » pour me qualifier. Quand on est un enfant rempli de doutes, quand on est un enfant qui ne se reconnaît pas dans le monde qui l'entoure, dans ce qu'on lui demande de faire, de dire, d'être, quand on est un enfant qui souffre en silence, ces paroles ont une résonance incroyable. Puissante.

Je me suis rendu compte bien après le collège de l'importance qu'avait eue monsieur Leloup dans ma vie. Alors, je lui ai dit merci. Là. Devant la maison des associations. Merci de m'avoir apporté cette petite lumière éclairant une obscurité dans laquelle je m'enfonçais. Je lui ai dit merci. Il le fallait. Il a souri. Il m'a dit qu'il n'avait pas fait grand-chose. Que je n'étais simplement pas « scolaire ». Mais s'en rendre compte, ajuster son comportement sur ce constat, ce n'est pas rien. C'est même beaucoup. C'est fondamental. Cela a participé à rétablir une vie bien mal partie. Ma vie.

Je suis heureux d'avoir pu remercier monsieur Leloup en ce samedi de grand soleil. Devant la maison des associations. Alors qu'il rangeait son vélo. Je souhaite à tous les enfants « non scolaires » d'un jour pouvoir remercier leur monsieur Leloup.

Texte publié sur Facebook le 22/06/2019

Table

Incipit

Il est des matins. Il est des soirs. Et jamais je ne me lasse d'observer la crasse de mon existence. Je pourrais porter la honte d'un tel gaspillage sur mon visage. Mais non. Rien. Pas une once de remords. Ces heures perdues que je ne revivrai jamais ne me manquent guère. Ne manquent à personne. Je ne suis rien. Disparu, je ne serai le souvenir de personne. Cela me réjouit.

Facebook, *17/12/2010*

DU MÊME AUTEUR

- **2945** statuts Facebook
- **157** tweets
- **1860** publications Instagram
- **91** vidéos YouTube